# 一汁一菜

飛田和緒の季節の食卓

# はじめに

「今日のごはんは何にしよう？」
夕方も近くなってくると、そんなことを思い、
そわそわする人も多いのではないでしょうか。
「今日、何にするの？」という話から、
「おかずは？　おみそ汁は？」といった話になり、
組み合わせはどうしているのかといったことにまで
話がいくこともよくあります。
皆、悩みは同じなのですよね、きっと。
かくいう私も、そういう時期がありましたが、
あるときから、がんばらなくていいんだということに
気づき、とてもラクになりました。

毎日のことだから、たくさんのおかずがなくてもいいのです。
ごはんとみそ汁、それにおかずが１種類あれば、充分。
汁物に具をたくさん入れたら、それだってずいぶんと
食べでのあるものになりますし、ごはんに旬のものを
混ぜ込んだりすれば、またそれも
ごはんプラスアルファとなるわけです。

とはいえ、この本を作るにあたり、わが家の季節の食卓を
振り返ってみたら、意外に食べたいものを食べたいように
やってきただけということもわかりました（笑）。
つまりはそれくらいでいいということ。
こうでなくちゃということは、何もありません。
冷蔵庫を開けてみて、あるものでごはん、汁物、おかずを
ひとつずつ組み合わせればいいのです。

もちろん、週末やのんびりとした時間があるときは、
贅沢に何品かおかずを作ってもいいと思いますが、
毎日のごはんは、一汁一菜で充分。
あとは常備菜があると、献立もゼロからではなく
組み立てることができるので「あれがあるから……」と、
話が早くなります。これに慣れると、
献立に広がりが出てくるのでラクになるし、
楽しみにもなりますので
ぜひ、試してみていただければ、と思います。

この本は、わが家で人気の季節の献立と、
その助けとなる常備菜をまとめたものです。
また、季節の素材を取り入れやすいみそ汁も、
だしのとり方から、いくつかお気に入りのものをご紹介していますので、
参考にしていただけたらと思います。

日々のごはんは、おいしく楽しく、気楽に！

2012年　食欲の秋に。　飛田和緒

目次

## 秋



## 冬



## うちのみそ汁

## 料理を始める前に

- 計量単位　1カップ＝200㎖、1合＝180㎖、大さじ1＝15㎖、小さじ＝5㎖
- レシピ内に出てくるだしは、あごと昆布でとっただしを指します(P.84参照)。
- 酒、しょうゆ、みそは昔ながらの手作りのもので、味をみておいしいと感じるものを使用しています。
- 砂糖は、特別表記のない場合はきび砂糖を使用しています。
- ごはんを炊く時間は目安です。鍋は、土鍋または厚手の鍋を使用しています。土鍋の場合は、とくに鍋の深さや厚みがあるので、いつも炊いている時間や火加減をもとに調整してください。また、浸水時間や水分量は目安です。季節や米の状態によっても微妙に変わるので、調整してください。そして、ごはんは作りやすい分量です。
- 電子レンジの加熱時間は目安です。ふだんご自身が使っているもので調整してください。

# 春

季節に沿ったごはんは、自然と体にもなじみやすいもの。
冬の間、体にためていたものを一気に出すのが春。
少し苦みのある野菜たちがそれを手助けしてくれます。
美しいベビーグリーン色のやわらかな葉ものや
鮮やかなグリーンの豆類もこの時季ならでは。
それらを逃さずいただくべく考えた、春の献立です。

新じゃがいもと新にんじんで作る、春の肉じゃが。メインのおかずになるものなので、
少しコクを加えるため、あらかじめ煮ておいた牛すじ肉を合わせてみました。
コクと同時にボリュームも出るのでこれ一品でも大満足。
味つけはしょうゆですが、しょうゆに生のにんにくを放りこんでおくだけの
にんにくじょうゆもおすすめ。冷蔵庫に常備してみてください。

# 牛すじ肉じゃが

材料（作りやすい分量）

新じゃがいも —— 4個
新にんじん —— 1本
玉ねぎ —— 1個
牛すじ煮（P.22）—— 1カップ
牛すじ煮の煮汁（P.22）—— 約2カップ
ごま油 —— 大さじ1
絹さや（ゆでたもの）—— 適量
砂糖　しょうゆ

作り方

① じゃがいもはやや大きめの乱切り、にんじんも乱切りにする。玉ねぎは8等分のくし形切りにする。
② 鍋にごま油を温め、①を入れる。鍋を揺らしながら上下を返し、軽く炒める。油がなじんだら牛すじ煮とひたひたより少なめに牛すじ煮の煮汁、砂糖大さじ3を加え、落としぶたをして弱めの中火で煮る。じゃがいもがやわらかくなったら、しょうゆ大さじ3を加え、ふたを取る。煮汁が⅓量くらいになるまで煮詰めながら味を含ませる。
③ 火を止め、そのまま1時間ほど冷ましてさらに味を含ませる。食べる前に温め、器に盛りつけてせん切りにした絹さやをあしらう。

＊しょうゆは、にんにくじょうゆを使ってもおいしく作れます。

# 長ねぎと油揚げのみそ汁

材料（2人分）

長ねぎ —— 約10cm
油揚げ —— ½枚
だし —— 2カップ
みそ

作り方

① ねぎは斜め薄切り、油揚げは袋状に開いてから粗みじんに切る。
② 鍋にだしと油揚げを入れ、火かける。ふつふつしてきたら、ねぎを加えてみそ大さじ1～2を溶き入れ、火を止める。

# 発芽玄米入りごはん

材料と炊き方

① 発芽玄米1合と白米2合を合わせて洗い、ざるに上げる。
② 鍋に①と水590mlを入れ、40分ほど浸水させる。
③ しっかりとふたをして中火にかける。ふいてきたら弱火にし、15～20分炊く。火を止め、充分に蒸らす。

春に必ず作るグリーンピースごはんは、これだけでもしっかり一品になるもの。
ポテトサラダはあらかじめ、じゃがいもをつぶしておきポテトサラダのもとを作っておけば、
さほど時間もかからず、でき上がります。特別、大きくおかずになるものがない
野菜中心のこんな献立の日には、少しコクのある汁物を添えるとバランスよくまとまります。
ベーコンとバターを加え、いつものみそ汁にコクを持たせつつ、やさしい味わいに仕上げてみました。

## 鮭入りポテトサラダ

材料（２人分）

ポテサラのもと（P.22）——２カップ
塩鮭（甘口または中辛のもの）——½〜１切れ
ピーマン——½個

作り方

① 鮭はグリルまたは網でこんがり焼き、身をほぐす。ピーマンは種とへたを取り、せん切りにする。
② ポテサラのもとと①を合わせ、さっくり混ぜる。

## グリーンピースごはん

材料

グリーンピース（さやから出したもの）——約½カップ
米——２合
塩

作り方

① 米は洗い、ざるに上げる。炊飯器に米と目盛りどおりの水を入れ、30〜40分浸水させる。塩小さじ½を加えてひと混ぜし、グリーンピースをのせて炊く。
② 炊き上がったら充分に蒸らし、軽く混ぜる。

## ベーコンバターみそ汁

材料（２人分）

ベーコンスライス——１枚
スナップえんどう——４個
キャベツ——１枚
だし——２カップ
みそ　バター

作り方

① ベーコンは細切り、スナップえんどうは筋とへたを取って半分に切る。キャベツは２㎝角に切る。
② 鍋にベーコンを入れ、弱火で炒める。脂が出てきたらスナップえんどうとキャベツを加えてひと炒めし、だしを加える。煮立ったらみそ大さじ１〜２を溶き入れ、バター小さじ１を落として火を止める。

春野菜を贅沢に、そして豪快に使った春のポトフ。春先においしさが増す
あさりでとっただしを使うことで、野菜だけでも充分な甘みとうまみが出たスープに。
味つけもシンプルに塩のみで仕上げました。
だしをとったあさりはつくだ煮にして、ごはんに混ぜて混ぜごはんにしたり、
お弁当のおかずにしてください。
ゆでた野菜があったなら、朝のうちに昆布で挟み、即席の昆布〆を。
それをごはんに混ぜれば、これもまた春のうまみが詰まった混ぜごはんになります。

# 春野菜のポトフ

材料（2人分）

キャベツ —— 1/4個
新ごぼう —— 1本
新にんじん —— 1本
新玉ねぎ —— 2個
にんにく —— 1片
あさりのゆで汁（P.23）—— 2～3カップ
オリーブ油 —— 大さじ2
塩

作り方

① キャベツは芯ごとくし形に切り、ごぼうはよく洗い、4cm長さに切って10分ほど水にさらす。にんじんは大ぶりに切り、玉ねぎは皮をむき、まるごと使う。にんにくは包丁の腹でつぶす。
② 鍋ににんにくとオリーブ油を入れ、弱めの中火にかける。にんにくがこんがりしてきたら、野菜とあさりのゆで汁をひたひたよりやや少なめに加え、ふたをする。煮立ったら弱火にし、15～20分煮る。野菜がやわらかく煮えたら、塩で味をととのえる。

# 菜の花の昆布〆

材料（作りやすい分量）

菜の花 —— 1束
昆布（10cm角）—— 2枚
塩

作り方

① 菜の花は水につけ、葉を開かせてから塩少々を加えた熱湯でゆでる。水にとり、ざるに上げる。
② 昆布はかたく絞ったぬれぶきんでふき、1枚をラップの上にのせる。しっかり水けを絞った菜の花を昆布の上に平らに並べ、塩小さじ1/4弱をふる。残りの昆布を菜の花の上にのせ、きっちりとラップで包み、冷蔵庫で半日から一晩おく。食べやすい大きさに切り、器に盛る。

＊密閉容器に入れ、冷蔵庫で2～3日間保存可能。

# あさりごはん

材料

米 —— 2合
あさりのつくだ煮（P.23）—— 約1/3カップ

作り方

①米は洗い、ざるに上げる。炊飯器に米と、目盛りどおりの水を入れ、30～40分浸水させる。あさりのつくだ煮をのせて炊く。
②炊き上がったら充分に蒸らし、軽く混ぜる。

とにかく野菜をたっぷりとりたいときは、こんなふうに好みの野菜だけを
食べやすく切って大盛りにして一品に。それにコクのあるみそマヨネーズをかけ、
豪快にいただきます。早春から解禁になるしらすも贅沢にのせ、
野菜の甘みと合わせて食べるのがわが家では人気の一皿。
しらすがなかったら、ちくわやかまぼこを刻んでのせても、味出しになります。
汁物には同じく、早春からのごちそう、芽かぶを。
香ばしいごまと合わせてヘルシーで体にやさしい味わいにしました。

## 緑野菜としらすの温サラダ

材料（2人分）

さやいんげん ―― 10本
スナップえんどう ―― 8個
芽キャベツ ―― 6個
しらす干し ―― 約1/4カップ
みそマヨドレッシング（P.24）―― 適量
塩

作り方

① いんげんはへたを切り落とす。スナップえんどうはへたと筋を取る。
② 塩少々を加えた熱湯で、野菜を好みのゆで加減にゆでる。いんげんは食べやすい長さに、芽キャベツは縦半分に切る。熱いうちに器に盛りつけ、しらすをのせてみそマヨドレッシングを回しかける。

## 芽かぶ入りごま汁

材料（2人分）

芽かぶ（生）―― 1株
白いりごま ―― 大さじ1
だし ―― 2カップ
うす口しょうゆ ―― 適量
塩

作り方

① 芽かぶは熱湯でさっとゆで、細切りにしてから包丁で細かくたたく。ごまはすり鉢で半ずりにする。
② 鍋にだしを温め、芽かぶを加えてひと煮する。味をみて塩とうす口しょうゆで味をととのえる。
③ 椀にすりごまを入れ、②を注ぐ。

＊春になると生の芽かぶが出回りますが、手に入らない場合は乾燥のものをもどして使うか、新わかめなどで作ってみてください。

## 発芽玄米入りごはん

材料と炊き方

① 発芽玄米1合と白米2合を合わせて洗い、ざるに上げる。
② 鍋に①と水590mℓを入れ、40分ほど浸水させる。
③ しっかりとふたをして中火にかける。ふいてきたら弱火にし、15～20分炊く。火を止め、充分に蒸らす。

魚のうまみを凝縮したブイヤベースは、汁物としてもおかずとしても楽しめるもの。
今回は金目鯛で作りましたが、骨つきの白身魚であれば、たらでも鯛でもおいしく作れます。
野菜は玉ねぎ、じゃがいもなどがおすすめ。春は貝類を加えるのもいいですよ。
魚から塩けが出るので、味つけは控えめにしておくのがいいでしょう。
副菜には漬け物感覚でいただける、野菜のマリネを合わせてみました。

# ブイヤベース

材料（２人分）

金目鯛 —— ２切れ
にんにく —— １片
玉ねぎ —— ½個
セロリの葉（せん切り）—— 適量
オリーブ油 —— 大さじ１
塩

作り方

① 金目鯛は両面に軽く塩をふり、10分ほどおく。出てきた水けをペーパータオルでしっかりふき取り、再度軽く塩をふる。
② にんにくは包丁の腹でつぶす。玉ねぎは薄切りにする。
③ 深めのフライパンまたは鍋に、にんにくとオリーブ油を入れ、弱めの中火にかける。にんにくにこんがり焼き目がつき、いい香りがしてきたら取り出す。
④ ③に玉ねぎを加えて炒める。しんなりしてきたら水２カップを加え、煮立ったら金目鯛を入れて10分ほど煮る。味をみて塩けが足りなければ、塩でととのえる。
⑥ 器に盛りつけ、セロリの葉を散らす。

# セロリとにんじんのマリネ

材料（２人分）

にんじん —— ½本
セロリ —— ⅓本
A | 酢、砂糖 —— 各大さじ１½
　| オリーブ油 —— 大さじ２
　| ピンクペッパー —— あれば少々
塩

作り方

① にんじんとセロリは3㎝長さの薄切りにし、塩小さじ¼をまぶして軽く混ぜ、10分ほどおく。
② Aは混ぜ合わせる。
③ ①の水けをしっかりと絞り、ボウルに入れる。②を加えてあえ、10分ほど冷蔵庫で味をなじませる。

# 発芽玄米入りごはん

材料と炊き方

① 発芽玄米１合と白米２合を合わせて洗い、ざるに上げる。
② 鍋に①と水590㎖を入れ、40分ほど浸水させる。
③ しっかりとふたをして中火にかける。ふいてきたら弱火にし、15～20分炊く。火を止め、充分に蒸らす。

はまぐりのお吸い物とちらしずしは、娘も楽しみにしている春の献立のひとつ。
しいたけの甘煮はあらかじめ炊いておき、しっかり味が含んだものを使うのがよりおいしく作るコツ。
ふだんのちらしずしだから、野菜をゆでたりしたものだけでシンプルに。
甘じょっぱいもの、酸っぱいものをバランスよく加えると、味にメリハリがつきます。
副菜には春にとれる、釜揚げひじきをたっぷり使った白あえを。
もちろん、乾物をもどして使ってもOKです。

## ちらしずし

材料（２〜３人分）

しいたけの甘煮（薄切り）（P.23）――３枚
ちくわ――小２本
絹さや（ゆでたもの、斜めせん切り）――６〜７枚
にんじん（ゆでたもの、せん切り）――½本
れんこん（薄いいちょう切り）――100g
卵――３個
米（洗う）――２合
昆布（5㎝角）――１枚
すし酢――約¼カップ
白いりごま――大さじ１
焼きのり（細切り）――適量
酢　砂糖　サラダ油

作り方

① ちくわは縦半分に切ってから小口切りにする。
② れんこんは５分ほど水につけ、水けをきって鍋に入れる。酢と砂糖各大さじ４を加え、汁けがなくなるまで炒り煮にする。
③ 卵は溶きほぐし、砂糖大さじ１を加えてよく混ぜる。フライパンに油少々を熱し、卵液を一気に流し入れる。菜箸で大きく混ぜ、全体が半熟くらいに固まったら卵を端に寄せて形づくり、裏面もさっと焼く。粗熱がとれたら1㎝角に切る。
④ 炊飯器に米と目盛りどおりの水を入れ、30〜40分浸水させる。昆布をのせて炊き、充分に蒸らしたら昆布を取り出し、せん切りにして戻し入れる。大きめのボウルに移し入れ、すし酢を回しかけ、しゃもじで切るように混ぜる。
⑤ ④にしいたけの甘煮、にんじん、①、②、③、ごま、絹さや加えて混ぜ合わせる。器に盛り、のりを飾る。

＊すしめしは冷ましすぎると具材が混ざりにくくなるので、すし酢を合わせたら、軽くあおいで粗熱をとり、混ぜ合わせてください。

## ひじきの白あえ

材料（２人分）

釜揚げひじき――約１カップ
絹ごし豆腐――½丁
白ごまペースト――小さじ２
しょうゆ　みりん　塩　砂糖

作り方

① 豆腐はペーパータオルに包み、しっかり水をきる。
② 鍋にひじきとしょうゆ、みりん各小さじ½を入れ、弱めの中火にかける。汁けがほぼなくなるまで焦げない程度に炒りつけ、そのまま冷ます。
③ ボウルに①の豆腐を入れ、へらでくずす。塩ふたつまみとごまペースト、砂糖小さじ¼を加えて混ぜ、②のひじきを加えて軽くあえる。

## はまぐりの吸い物

材料（２人分）

はまぐり（砂出ししたもの）――大２個
昆布だし――２カップ
三つ葉――約¼株
うす口しょうゆ――少々
塩

作り方

① はまぐりは洗って、鍋にだしとともに入れ、火にかける。煮立ったら弱火にし、殻が開いたらこす。
② 鍋に汁を戻し入れて温め、うす口しょうゆと塩少々で調味する。
④ 碗に①のはまぐりを入れて汁を注ぎ、刻んだ三つ葉をあしらう。

だしを多めにして作る、汁物代わりにもなる茶碗蒸しは、
そのまま食べるのはもちろん、ごはんにかけてもおいしいもの。
さやいんげんやスナップえんどう、グリンピースなど春の豆類やたけのこなどを加えても。
かに肉の代わりに、鶏肉やえび、なければかまぼこでもおいしく作れます。
だしを少なめにすれば、ぷるんとした食感の茶碗蒸しに。
今回はふるふるの食感を楽しむものに仕上げました。ごはんはその味わいを楽しめるよう、白ごはんで。
冷めてもおいしいザーサイと長ねぎの炒め物はごはんにも、そうめんにもよく合います。

## 茶碗蒸し

材料（2人分）

卵 —— 2個
かに肉（缶詰）—— 約30g
三つ葉 —— 適量
中華スープの素 —— 小さじ1
ナンプラー —— 少々
塩

作り方

① 鍋に水2カップと中華スープの素を入れ、火にかける。煮立ったら塩少々とナンプラーで調味し（そのまま飲めるくらいの味加減にする）、そのまま冷ます。
② 卵を溶きほぐし、①と合わせる。目の細かいざるでこし、耐熱の器に入れる。ほぐしたかに肉と食べやすく切った三つ葉をのせる。
③ 蒸気の上がった蒸し器に②を入れ、強火で2分、弱火にして15〜20分蒸す。竹串を刺して澄んだスープがにじんだらでき上がり。

＊今回は中華スープで作りましたが、だしでもコンソメでも、おいしいスープがあれば簡単に茶碗蒸しができるので、覚えておくと何かと便利です。

## ザーサイと長ねぎの炒め物

材料（2人分）

ザーサイ —— 約60g
長ねぎ —— 10㎝
ごま油 —— 小さじ1
ナンプラーまたはしょうゆ —— 少々
白いりごま —— 適量

作り方

① ザーサイは一口大の薄切りにし、10分ほど水につけて塩を抜く（味をみてまだ塩がきついときは、水を取り替えて5分ほどおき、再び味を確認するのを繰り返し、ちょうどいい味加減にする）。そのまま食べても塩辛くないくらいになったらざるに上げる。
② ねぎは斜め薄切りにする。
③ フライパンにごま油を熱し、ザーサイとねぎを炒める。しんなりしたらナンプラーで香りづけし、ごまをふる。

## 白ごはん

材料と炊き方

① 米3合は洗い、ざるに上げる。
② 鍋に①と水540㎖を入れ、30〜40分浸水させる。ふたをして強火にかけ、ふいてきたら弱火にして10〜15分炊く。火を止め、充分に蒸らす。

# 春の常備菜

春先のほっくりしたじゃがいもやみずみずしい玉ねぎ、
ぷっくり太ったあさりを使った常備菜や、混ぜずしに欠かせないしいたけの甘煮など、
春の献立に活躍する常備菜とドレッシング全6種です。

## 牛すじ煮

材料（作りやすい分量）

牛すじ肉 —— 500g
酒　塩

作り方

① 鍋にすじ肉を入れ、たっぷりの水を加えて火にかける。煮立ったらざるに上げ、ゆで汁をきる。水にとり、ひとつずつていねいに洗い、余分な脂や汚れを落として大きめの一口大に切る。

② 鍋に①のすじ肉を入れ、酒¼カップとたっぷりの水を加え、火にかける。煮立ったら弱めの中火にし、30～40分煮る。すじ肉がとろとろにやわらかくなったら塩小さじ½を加え、ひと煮する。

＊密閉容器に入れ、冷蔵庫で1週間ほど保存可能。
＊しょうゆやみそ、砂糖で甘辛く煮たり、こんにゃくと煮ておでんに。カレーの具にしてもおいしい。

## ポテサラのもと

材料（作りやすい分量）

じゃがいも —— 4個
紫玉ねぎまたは玉ねぎ —— ½個
すし酢またはフレンチドレッシング
—— 大さじ1～2
マヨネーズ —— 約大さじ3
塩　こしょう

作り方

① 玉ねぎは薄切りにする。じゃがいもはよく洗い、皮つきのまま水からスッと竹串が通るくらいまでゆでる。熱いうちに皮をむいてボウルに入れ、めん棒などでよくつぶし、玉ねぎを加える。

② 粗熱がとれたらすし酢、マヨネーズを順に加えてそのつど混ぜ合わせ、塩、こしょうで味をととのえる。

＊密閉容器に入れ、冷蔵庫で3～4日間保存可能。
＊じゃがいもが熱いうちに玉ねぎを加えると、余熱で辛みが抜けます。というわけで、水にさらす必要なし！

# あさりのつくだ煮

材料（作りやすい分量）

あさり —— 500g
しょうが（せん切り）—— 1かけ
みりん　しょうゆ

作り方

① あさりは砂出しし、殻ごとよく洗う。
② 鍋にあさりと水4カップを入れ、火にかける。煮立ったら弱火にして煮る。あさりの殻がすべて開いたら火を止め、身を取り出す。汁はこす（汁は春野菜のポトフ〈P.12〉を作るときのだしに使う）。
③ 別の鍋にみりん大さじ2を入れ、火にかける。煮切ってからしょうゆ大さじ2、あさりの身、しょうがを加え、煮汁がなくなるまで煮詰める。

＊密閉容器に入れ、冷蔵庫で3～4日間保存可能。
＊このまま食べても、炊き込みごはん、パスタにも。

# しいたけの甘煮

材料（作りやすい分量）

干ししいたけ —— 6個
A | ざらめまたは三温糖 —— 大さじ3
　| しょうゆ —— 大さじ2～3

作り方

① しいたけはひたひたくらいの水につけ、一晩おいてもどす。もどし汁はとっておく。
② しいたけの軸は切り落とし、かさの大きいものは半分に切る。
③ 鍋に②を入れ、①のもどし汁をこしながらひたひたくらいまで注ぐ。Aを合わせ入れ、弱めの中火にかける。煮立ったら落としぶたをし、弱火にして煮汁がほぼなくなるまで煮る。

＊密閉容器に入れ、冷蔵庫で3～4日間保存可能。
＊このまま食べても、炊き込みごはん、パスタにも。

## みそマヨドレッシング

材料（作りやすい分量）

玉ねぎ —— 1/8個
卵黄 —— 1個分
オリーブ油 —— 1/3カップ
塩　砂糖　酢　みそ（甘めのもの）

作り方

① 玉ねぎはみじん切りにする。
② ボウルに卵黄、塩小さじ1/4、砂糖大さじ1～2、酢大さじ4を入れて混ぜ、オリーブ油を何回かに分けて少しずつたらし、泡立て器またはバーミックスなどで、クリーム色になってとろんと乳化するまで、よく撹拌する。
③ 玉ねぎ、みそ小さじ2を加え、泡立て器でさらによく混ぜる。

＊密閉容器に入れ、冷蔵庫で2～3日間保存可能。

## 新玉ドレッシング

材料（作りやすい分量）

玉ねぎ（できれば新玉ねぎ）—— 1/2個
A　塩 —— 小さじ1/2
　酢 —— 1/4カップ
　こしょう —— 適量
　マスタード —— 少々
　オリーブ油 —— 1/2カップ

作り方

① 玉ねぎは薄切りにし、しっかりとふたが閉まる容器に入れる。
② Aを順に加えてふたをし、軽くふって混ぜ合わせる。玉ねぎと調味料がなじむまで半日おく。

＊冷蔵庫で4～5日間保存可能。
＊野菜サラダの味つけに使うほか、焼いた肉や魚に玉ねぎをのせて食べてもおいしい。とくに皮をカリッと焼いたチキンソテーにのせるのがおすすめです。

# 夏

トマト、なす、ズッキーニ、枝豆など
色鮮やかな素材が八百屋さんの店先に並ぶ夏は、
その野菜たちをふんだんに使った献立を。
さっぱりしているけれどコクがあるもの、
あえて、辛くて熱いものなど
元気に夏を乗り切るメニューを考えてみました。

少しだけ砂糖を加えた甘い半熟炒り卵を作っておき、
あとからゴーヤーとスパムに加えて炒め合わせるのがわが家のゴーヤーチャンプル。
夏はとくにスタミナをつけたいので、にんにくも加えてパワフルに仕上げました。
ほんのり甘い卵とゴーヤーの苦み、
スパムの塩けが程よく合わさったおかずで、ごはんがよく進みます。
おかずにボリュームがあるので、みそ汁は夏に大活躍の香味野菜、みょうがとみそだけのさっぱり味に。

# ゴーヤーチャンプル

材料（2人分）

ゴーヤー —— 小1本
スパム —— 小½缶（約100g）
卵 —— 2個
木綿豆腐 —— ½丁
にんにく（薄切り）—— 1片
ナンプラー —— 少々
削りがつお —— 小1袋（約4g）
塩　砂糖　こしょう　サラダ油

作り方

① ゴーヤーは縦半分に切ってわたと種をていねいに除く。5㎜厚さほどに切って塩少々をまぶし、10分ほどおく。さっと水洗いをしてからペーパータオルで水けをふく。
② スパムは食べやすい大きさに切る。卵は溶きほぐし、砂糖小さじ2を加えて混ぜる。豆腐はペーパータオルで包み、水きりする。
③ フライパンに油大さじ1を熱し、卵液を一気に流し入れる。炒り卵を作る要領で炒め、半熟程度で一度取り出す。
④ ③のフライパンに油を少々足し、にんにく、スパム、ゴーヤーを順に加え、炒め合わせる。豆腐を手で大きくちぎって加え、ひと炒めしたら塩、こしょう各少々とナンプラーで調味する。仕上げに③の卵を戻し入れ、軽く炒め合わせる。
⑤ 器に盛りつけ、削りがつおをかける。

＊ゴーヤーは塩をまぶし、熱湯でさっとゆでてから炒めると苦みが和らぎます。スパムにしっかりと塩けがあるので、味つけは控えめに。

# みょうがのみそ汁

材料（2人分）

みょうが —— 2個
だし —— 2カップ
みそ

作り方

① 鍋にだしを入れ、温める。みょうがは小口切りにする。
② 煮立ってきたらみょうがを加え、みそ大さじ1〜2を溶き入れ、火を止める。

# 白ごはん

材料と炊き方

① 米3合は洗い、ざるに上げる。
② 鍋に①と水540㎖を入れ、30〜40分浸水させる。ふたをして強火にかけ、ふいてきたら弱火にして10〜15分炊く。火を止め、充分に蒸らす。

長野の郷土料理“やたら”は、大根のみそ漬けなどしっかりした味のものを味つけのベースにし、
刻んだきゅうりやなす、オクラなどを細かく刻んで合わせたもの。
やたらといろいろな野菜を入れるから“やたら”と呼ばれているのだそう。
ごはんにはもちろん、そうめんの薬味にしたり、ゆで豚やゆで鶏にのせて食べてもよく合います。
汁物は豪快に夏のトマトを１人丸１個食べるみそ汁。
トマトにだしがしみ込んでおいしいのです。

## やたら

材料（２～３人分）

きゅうり —— １本
なす —— １個
オクラ —— ２本
えのきたけ —— 小½袋
ししとうがらし —— ２本
青とうがらし —— １本
きゅうりの古漬け、大根のみそ漬け、奈良漬けなど
　味の濃い漬け物を刻んだもの —— 大さじ３～４
塩

作り方

① きゅうりとなすは5㎜角に切り、なすは５分ほど水につける。なすの水けをきり、きゅうりと合わせてボウルに入れ、塩小さじ½をまぶす。５分ほどおいてしっかり水けを絞る。オクラはガクの部分をひと回りむく。えのきは石づきを落とす。ともに熱湯でさっとゆで、なすときゅうりの大きさに合わせて切る。ししとうと青とうがらしは種を除き、みじん切りにする。
② ボウルに①と漬け物を入れ、ねばりが出るまで混ぜ合わせる。味をみて足りなければ、漬け物を足すか、塩でととのえる。

## トマトのみそ汁

材料（２人分）

トマト —— 中２個
万能ねぎ —— 少々
だし —— ２カップ
みそ

作り方

① トマトはへたの反対側に軽く十字に切り目を入れ、熱湯でさっとゆで、湯むきする。
② 鍋にだしとトマトを入れて弱火で静かに温める。トマトを取り出し、食べやすいよう切り込みを入れて椀に１個分ずつ盛りつける。
③ だしにみそ大さじ１～２を溶き入れ、②の椀に注ぎ、刻んだ万能ねぎをトマトの上にのせる。

## 発芽玄米入りごはん

材料と炊き方

① 発芽玄米１合と白米２合とを合わせて洗い、ざるに上げる。
② 鍋に①と水590㎖を入れ、40分ほど浸水させる。
③ しっかりとふたをして中火にかける。ふいてきたら弱火にし、15～20分炊く。火を止め、充分に蒸らす。

鶏からとっておいたスープをベースに、
にら、豚肉、キムチ、豆腐を加えたシンプルなチゲ。
ツルツルしたのどごしが、暑い日にぴったりの絹ごし豆腐を使うのがわが家流。
なすやとうもろこしといった夏野菜を加えるのもおすすめです。
具だくさんでパンチのきいた汁物には、白ごはんと夏野菜のさっぱり浅漬けを合わせました。

# キムチ鍋

材料（2～3人分）

A キムチ —— 200g
豚バラ薄切り肉 —— 120g
絹ごし豆腐 —— 1丁
にら —— ½束
チキンスープ（P.40）—— 約3カップ
ナンプラー —— 小さじ1～2
白すりごま —— 約大さじ2
ごま油 —— 少々
塩

作り方

① Aはすべて食べやすい大きさに切る。
② 鍋にチキンスープとAを入れ（キムチは汁ごと入れる）、火にかける。煮立ったら弱火にし、豚肉の色が変わって火が通ったところでナンプラーを加え、塩で味をととのえる。
③ 仕上げにごまをふり、ごま油をたらす。

＊キムチの塩けがあるので、味をみてから調味料を加えると味の調整がうまくいきます。スープの用意がないときは市販のスープの素を使って作っても。

# なすときゅうりの浅漬け

材料（2人分）

なす —— 1個
きゅうり —— 1本
しょうが（せん切り）—— 1かけ
塩

作り方

① きゅうりは皮をむいて斜め薄切り、なすはへたを落とし、縦半分に切ってから斜め薄切りにする。なすは5分ほど水にさらす。
② ボウルに水けをきった①としょうがを入れ、塩小さじ½をまぶして5分ほどおく。軽くもんでから水けを絞り、器に盛りつける。好みでしょうゆをたらしても。

# 白ごはん

材料と炊き方

① 米3合は洗い、ざるに上げる。
② 鍋に①と水540mℓを入れ、30～40分浸水させる。ふたをして強火にかけ、ふいてきたら弱火にして10～15分炊く。火を止め、充分に蒸らす。

夏野菜をさっと素揚げしてから甘酢やだしをきかせたたれに浸しておく揚げびたしは、
サラダ感覚でモリモリ野菜を食べられるのがうれしいおかず。
甘酸っぱいたれが食欲をそそります。
ゆでた枝豆を炊きたてごはんに合わせるだけの簡単混ぜごはんや
えのきたけのシンプルなみそ汁は、食欲のない夏の助けになるもの。
覚えておくと便利な２品です。

## 揚げなすのサラダ

材料（2人分）

なす —— 2個
ズッキーニ —— 小1本
フルーツトマト —— 2個
青じそ（せん切り）—— 5枚
A | 酢 —— 大さじ4
 | 砂糖 —— 大さじ3
 | 塩 —— 小さじ½
 | しょうゆ、こしょう —— 各少々
揚げ油

作り方

① Aは合わせておく。なすとズッキーニはへたを落とし、食べやすい大きさに切る。トマトは8等分のくし形に切る。
② なすとズッキーニはペーパータオルで水けをふき取り、高温（約190℃）の揚げ油で素揚げする。
③ ボウルに②とトマトを入れ、Aを加えてあえる。5分ほどおき、青じそを加えて軽く混ぜ、器に盛りつける。

＊できたてでも、少し冷やしても、どちらもおいしくいただけます。

## えのきのみそ汁

材料（2人分）

えのきたけ —— 小½袋
だし —— 2カップ
みそ

作り方

① えのきは石づきを落とし、3cm長さに切る。
② 鍋にだしを入れ、火にかける。煮立ったらえのきを加えてさっと煮る。みそ大さじ1〜2を溶き入れ、火を止める。

## 枝豆ごはん

材料

枝豆（ゆでてさやから出したもの）—— 約¼カップ
炊きたてのごはん —— 茶碗2杯
塩

作り方

① 枝豆は味をみて塩けがない場合は、ほんの少し塩をまぶす。
② 炊きたてのごはんに①を加え、混ぜ合わせる。

私が暮らす町の名産でもあるたこ。当然、季節になると自然と食卓に上がる回数が増えます。
足はお刺し身や天ぷらに、頭は炊き込みごはんにするのが一番多い調理法です。
たこからおいしいだしが出るので、味つけはうす口しょうゆをほんの少し加える程度。
今回はパプリカを合わせましたが、トマトやしょうがもよく合います。
汁物はトマトと玉ねぎをだしで煮て、ミキサーにかけただけのシンプルなもの。
一菜となるおかずは、１本しかないきゅうりでもごちそうに見えるわが家の定番、
ヘルシーカルパッチョ。夏の日にぴったりのさっぱりおかずです。

## きゅうりのカルパッチョ

材料（２人分）

きゅうり —— １本
薬味野菜（P.43）—— 適量
オリーブ油 —— 大さじ１
塩　こしょう

作り方

① きゅうりは縦に間隔をあけて皮をむき、２～３㎜厚さの輪切りにする。器に平らに並べ、塩とこしょう各適量を全体にふってオリーブ油を回しかける。
② 薬味野菜を上にのせ、好みでレモンを絞る。

## トマトのスープ

材料（２人分）

トマト —— 大１個
玉ねぎ —— ½個
だし —— ２カップ
塩

作り方

① トマトはへたの反対側に軽く十字に切り目を入れ、熱湯でさっとゆで、湯むきしてざく切りにする。玉ねぎは薄切りにする。
② 鍋にだしを入れて火にかけ、煮立ったら①のトマトと玉ねぎを加えて５分ほど煮る。
③ 粗熱がとれたらハンドミキサーで撹拌し、塩で味をととのえる。食べる前に温める。冷やしてもおいしい。

## たこの炊き込みごはん

材料

ゆでだこの足 —— 大１本
パプリカ（赤）—— １個
米 —— ２合
昆布（10㎝角）—— １枚
うす口しょうゆ —— 大さじ１

作り方

① たこは５㎜角ほどに切る。パプリカはへたと種を取ってたこと同じくらいの大きさに切る。米は洗い、ざるに上げておく。
② 鍋に米と水 360㎖を入れ、30～40 分浸水させる。①のたことパプリカ、うす口しょうゆを加えてひと混ぜし、昆布をのせてふたをする。強めの中火にかけ、ふいてきたら弱火にし、10分炊く。火を止め、10 分蒸らす。
③ ふたを取って昆布を取り出し、軽く全体を混ぜる。

夏バテになると、ごはんを食べるのはもちろん、作るのもおっくうになりがち。
そんなときのお助けメニューがこちらです。
野菜も肉も切ったり、さっとゆでたりするだけ。
ザーサイを使った酸っぱくてコクのあるたれをたっぷりかけて食べるから、自然と食欲も回復します。
急激に食べるのではなく、少しずつ胃袋を慣らしていくために、
汁物はやさしい味わいのすまし汁を取り合わせました。

## 夏野菜と牛しゃぶのサラダ

材料（2人分）

牛切り落とし肉 —— 150g
ミディトマト —— 2個
きゅうり —— 1本
なす —— 2個
ザーサイだれ（P.43）—— 適量
塩

作り方

① トマトはへたを取って4等分に切る。きゅうりは塩小さじ¼をまぶして板ずり、めん棒で粗くたたいてから一口大に切る。なすはへたを取り、皮をむいて5分ほど水につけ、軽く塩をまぶす。ふんわりとラップをかけ、電子レンジで3〜4分加熱して食べやすい大きさに切る。
② 鍋に湯を沸かし、肉を1枚ずつ広げてくぐらせる。（湯はグラグラと沸き立たせず、沸いたら一度火を止め、そこにゆっくりと肉をくぐらせるとやわらかく仕上がる）。肉に火が通ったらペーパータオルで、軽く水けをきる。ゆで汁はすまし汁に使うのでとっておく（右記）。
③ 野菜と肉を一緒に器に盛りつけ、たれをたっぷりかけて食べる。

## ゆで汁のすまし汁

材料（2人分）

しゃぶしゃぶ肉のゆで汁 —— 約1½カップ
（夏野菜と牛しゃぶのサラダのもの）
絹ごし豆腐 —— ½丁
ナンプラー —— 少々
塩

作り方

① 豆腐はさいの目に切る。
② ゆで汁はざるにペーパータオルを敷いてこす。鍋にこしたゆで汁を入れ、火にかける。煮立ったら塩小さじ¼とナンプラーで調味し、豆腐を加える。

## 雑穀ごはん

材料と炊き方

① 白米2合は洗い、ざるに上げる。
② 炊飯器に雑穀30gと①を合わせてセットし、水420mℓを入れ、30〜40分浸水させて、炊く。

四国を旅したときに覚えた冷や汁は、
すり鉢にぴったりはりつけたみそを、直火で焼いた香ばしいもの。
それをだしで割り、薬味をたっぷり加えた冷や汁は、食欲のない夏にぴったりのさっぱりした味わい。
薬味はきゅうり、みょうが、オクラ以外に、
薄切りにして軽く塩もみしたなすや青じそ、豆腐などもおすすめ。
滋養になるとろろを麦ごはんにたっぷりかけ、さらに冷や汁をかけて食べるのもよし。
それぞれに味わうもよし、です。

## 冷や汁

材料（2人分）

あじの干物 —— ½枚
みょうが —— 1個
オクラ —— 2本
きゅうり —— ½本
だし —— 2カップ
塩　みそ

作り方

① 干物は網か、グリルで両面こんがりと焼き、骨をはずしてほぐす。
② みょうがは小口切り、オクラはさっとゆでて輪切り、きゅうりは薄い輪切りにし、軽く塩をまぶす。
③ すり鉢に①の干物を入れ、ねっとりするまでめん棒でする。みそ大さじ1〜2を加えて混ぜ、すり鉢の中面に押し付けるようにして広げる。
④ すり鉢をひっくり返してガス台にのせ（火元をおおうように）、みそを軽く焦がすように中火で焼く（ガス台にうまくのらないときは網などの上にすり鉢をのせるといい。すり鉢がないときはアルミホイルにみそと干物を合わせたものを薄くのばし、トースターなどで表面に焼き目をつける）。
⑤ みそが香ばしく焼けたら、だしを少しずつ加えて泡立て器やへらでみそをのばす。そのまま冷蔵庫でしばらく冷やすか、氷を入れて冷やす。
⑥ 器に盛りつけ、水けを絞ったきゅうりとオクラ、みょうがをのせる。

＊ごはんを入れて食べてもおいしい。

## とろろ

材料（2人分）

長いもまたはやまといも —— 約100g
だし —— 約1カップ
A　塩 —— 小さじ¼
　　うす口しょうゆ —— 小さじ½
うずらの卵、青のり —— 各適量

作り方

① いもは手に持つ部分を少し残して皮をむき、すり鉢に直接あててする。すり鉢がない場合は、おろし金でする。
② ①にだしを加えながらめん棒ですり、よく混ぜ合わせてAで調味する。
③ 器に盛りつけ、うずらの卵と青のりをあしらう。

## 麦ごはん

材料と炊き方

① 米2合は洗い、ざるに上げる。
② 鍋に①と押し麦1合を入れ、同量の水を加え、30〜40分浸水させる。
③ ふたをして強火にかける。ふいてきたら弱火にし、10〜15分炊く。火を止め、充分に蒸らす。

## 夏の常備菜

夏野菜を揚げたり、みそや梅酢で漬け込んだりして作っておく夏の常備菜は、ごはんやそうめんによく合う薬味にもなるもの。
スープは胃が弱っているこの季節にうれしいやさしい味わいのもととなります。

# チキンスープ

材料と作り方（作りやすい分量）

鍋に鶏手羽先６本、水1.5リットルを入れ、火にかける。20分ほど煮出したら（途中出てきたアクはていねいに除いて）火を止め、鶏肉を入れたまま冷ます。ゆで汁と鶏肉に分け、それぞれ密閉容器に入れ、冷蔵庫で保存する。

＊鶏肉は手で細かく裂いて、サラダやあえ物、麺類のつけ合わせなどに。ゆで汁は汁物や麺類のだしとして使うと便利です。
＊ゆで汁と鶏肉は、それぞれ密閉容器に入れ、冷蔵庫で３日間ほど保存可能。ゆで汁は、専用の保存袋に入れて約１カ月間冷凍保存も可能。
＊しゃぶしゃぶなどで、牛肉や豚肉をゆでた後の汁もペーパータオルでこし、密閉容器に入れて冷蔵庫で保存するとスープのベースとして使えて便利。

## 夏野菜のみそ漬け

材料（作りやすい分量）

きゅうり —— 2本
にんじん —— 1本
甘酒 —— 大さじ3
塩　みそ

作り方

① きゅうりは縞模様に皮をむき、縦半分に切ってからスプーンで種を除き、食べやすい大きさに切る。にんじんも同じくらいの大きさにそろえて切る。

② ①に塩小さじ1をまぶして10分ほどおく。水で洗い流し、ペーパータオルでしっかり水けをふき取る。

③ 保存容器に甘酒とみそ大さじ3を入れて混ぜ、②を加えてあえる。

＊あえてすぐ食べてもおいしいです。冷蔵庫で3日間ほど保存可能。

## 野菜の梅漬け

材料（作りやすい分量）

みょうが —— 1パック
新しょうが —— 少々
梅酢 —— 約¼カップ

作り方

① みょうがはそのままか、縦半分に切る。しょうがは皮をむき、薄切りにする。

② 梅酢に①を漬け、2〜3日おく。

＊密閉容器に入れ、冷蔵庫で4〜5日間保存可能。
＊梅酢がない場合は、梅干しを包丁で細かくたたいたものと縦半分に切ったみょうがとしょうがを合わせて一晩おけばOKです。細かく刻んでごはんに混ぜ合わせたり、そうめんやうどんの上にのせたり、ゆでた豚肉や鶏肉にもよく合います。

# 夏野菜の揚げびたし

材料（作りやすい分量）

なす　2個
ズッキーニ ── 1本
パプリカ（赤）── 1個
かぼちゃ ── 1/8個
A　だし ── 2カップ
しょうゆ、みりん ── 各大さじ3
砂糖 ── 少々
揚げ油

作り方

① 野菜類はへたと種を除いて食べやすい大きさに切り、ペーパータオルで水けをふく。
② 高温（約190℃）の揚げ油でなす、ズッキーニ、パプリカの順に切り口がほんのりきつね色になるくらいまで素揚げする。揚げ油を中温（170～180℃）に下げ、かぼちゃも同様に揚げる。
③ 揚げたてを混ぜ合わせたAにつける。30分後くらいからが食べごろ。

＊密閉容器に入れ、冷蔵庫で4～5日間保存可能。
＊そのまま食べてもいいし、麺類のつけ合わせにもよく合います。

## 薬味野菜

材料と作り方

① みょうが、長ねぎ、青ねぎ、青じそ、しょうが、ししとうがらしなど好みの薬味野菜をせん切りにする。

② ①を冷水につけ、パリッとさせてから水けをよくきって密閉容器やファスナーつき保存袋などに入れ、冷蔵庫で保存する。

＊冷蔵庫で２日間ほど保存可能。
＊汁物、麺類、冷ややっこなどの薬味野菜としてどうぞ。

## ザーサイだれ

材料（作りやすい分量）

A
ザーサイ（薄切り）── 1個
しょうが（みじん切り）── 2かけ
万能ねぎ（小口切り）── 6本

B
酢、砂糖 ── 各$\frac{1}{2}$カップ
塩 ── 少々
しょうゆ ── 大さじ1

白すりごま ── 大さじ2
ごま油 ── 大さじ2

作り方

① ザーサイは水に10〜15分つけて塩けを抜き、みじん切りにする。

② Aと、混ぜ合わせたBを合わせ、15分ほどおく。

③ ②にすりごまとごま油を加えて混ぜ合わせる。

＊密閉容器に入れ、冷蔵庫で4〜5日間保存可能。
＊ザーサイに塩けがあるので、材料を合わせたらしばらくおき、味をなじませてから味みしてください。味つけザーサイで作る場合は、塩やしょうゆの量を控えめにして作るとバランスのいい味になります。しゃぶしゃぶのたれとしてはもちろん、やっこ（豆腐）にかけたり、サラダや蒸し野菜、麺類にほんのひとたらしなど使い方いろいろです。

# 野菜へのひと手間

季節ごとに旬のものがたくさんわが家に届くこともあるし、八百屋さんや市場でおいしそうな露地物を見つけると、安さも手伝ってついつい手がのびてしまうことも。時季のものですから、そのときに食べるのが一番おいしい。だから、たくさん買ってきたときには、どんどん食べるために、ほんのひと手間かけて下準備をしておくようにしています。そのほうが野菜も長持ちするし、忙しい毎日のごはん作りにも役立つし、と一石二鳥なのです。

たとえば、わりあい早くだめになってしまいがちな青じそやみょうがなどはあらかじめ薬味用として切っておき、水に放ってから湿らせたペーパータオルを敷いた密閉容器に入れて保存するとか、キャベツもまるごと１個を冷蔵庫に入れるのは大変なので、せん切りにし、軽く塩をふってファスナーつき保存袋に入れておいてサラダやスープなど、使うときに少しずつ出すようにする、といったごく簡単なことではありますが。これでもずいぶんとラクになるので、ぜひ、やってみてください。もちろん、ねぎや小松菜などの根元に湿らせたペーパータオルを巻いておくといった基本的なことも忘れずに。それぞれの季節の常備菜も野菜を冷蔵庫の中でダメにしてしまわないための、ちょっとした工夫でもあります。

買ってきたら、そのままにせず、手をかけてあげる、この心がけが日々のごはんにつながるように思っています。

# 秋

さんまや根野菜、秋なす、きのこなどなど……。
おいしい食材が軒並み、店先に並ぶ秋は、どれから何を
食べようかあれこれ迷ってしまうほど。とはいえ、
秋は、夏に疲れた体をゆっくり癒やし、回復させる
時期でもあることを忘れずに。じんわり体に染みる、
やさしい味わいの献立を中心に考えてみました。

素揚げしたかまぼことラードでコクを加えた雑穀チャーハンに、
さっぱり漬け物を合わせたシンプルな献立。
秋のはじまりはまだまだ残暑が厳しいとき。
そんな時期には、夏の名残のキャベツときゅうりを使ってさっぱりした漬け物を、
秋も後半になってきたら、出はじめの大根や白菜を漬け物にするのもおすすめです。

## 揚げかまぼこ入り雑穀炒め飯

材料（2人分）

かまぼこ —— 50g
青菜のおひたし（P.60）—— 約2株
雑穀ごはん（P.37）—— 茶碗大盛り約2杯
ラード —— 小さじ2
塩　しょうゆ　サラダ油

作り方

① かまぼこは薄切りにしてから1cm幅ほどの細切りにし、油大さじ2で揚げ焼きする。表面にこんがりと焼き色がついたら取り出す。
② 青菜のおひたしは汁けを絞り、1cm長さに切る。
③ ①のフライパンの残り油にラードを加えて火にかけ、溶けたら軽く電子レンジで温めたごはんを加えて炒める。ほぐれたら①の揚げかまぼこと②の青菜を加えてさらに炒める。全体が混ざったら塩小さじ¼〜⅓としょうゆ小さじ½ほどを加え、調味する。

＊ごはんは炊きたてよりも冷やごはんを軽く電子レンジで温めたほうが炒めやすいです。

## 大根のみそ汁

材料（2人分）

大根 —— 約4cm
だし —— 2カップ
みそ

作り方

① 大根は皮つきのまま細切りにする。
② 鍋にだしと大根を入れ、火にかける。煮立ったら弱火にし、大根に火が通るまで煮る。
③ みそ大さじ1〜2を溶き入れ、火を止める。

## キャベツときゅうりの塩もみ

材料（2人分）

キャベツ —— 1〜2枚
きゅうり —— ½本
塩

作り方

① キャベツは一口大に切る。きゅうりは薄い輪切りにする。
② ボウルに①を入れ、塩小さじ¼ほどをまぶして軽く混ぜ、10分ほどおく。しんなりしたらギュッと水けを絞って器に盛りつける。

＊青じその塩漬けやせん切りにしたしょうがを一緒にあえてもおいしいです。

お酢のさっぱりした味わいに秋野菜のごちそう、きのこをたっぷり入れて作る
おうちの簡単サンラータン。スープとして食べても、ごはんにかけてもおいしい、便利な汁物です。
夏の疲れが残っているときは、お酢のパワーが思いのほか頼りになります。
つけ合わせには、ほんの少しでコクがもらえる相性のいい卵を煮卵にして。

## 黒酢サンラータン

材料（2～3人分）

たけのこ（水煮）── 約80g
エリンギ ── 大1本
えのきたけ ── 小1袋
もやし ── 100g
きくらげ（乾燥）── 3個
味つけザーサイ（市販品）── 約30g
豚バラ薄切り肉 ── 約80g
中華スープの素または鶏ガラスープの素
── 小さじ1～2
ナンプラー ── 小さじ1～2
水溶き片栗粉
　片栗粉 ── 大さじ1
　水 ── 大さじ2
黒酢 ── 約大さじ3
ごま油 ── 大さじ1
しょうゆ　塩

作り方

① たけのことエリンギは4cm長さほどの細切りに、えのきたけは石づきを落とし、半分の長さに切ってほぐす。もやしはできればひげ根を取る。きくらげはひたひたの水でもどしてから細切りに、ザーサイと豚肉も同様に細切りにする。
② 鍋にごま油を熱し、豚肉を炒める。肉の表面が白っぽくなったら①の野菜類を加え、炒め合わせる。全体に油がまわってしんなりしたら水3カップとスープの素を加え、5分ほど弱めの中火で煮る。
③ ②にしょうゆ小さじ1～2とナンプラーを加え、塩で味をととのえる。水溶き片栗粉でとろみをつけ、仕上げに黒酢を加えて火を止める。

＊酢を加えてから煮ると酸味がとんでしまうので、味が決まったら火を止める前に酢を加えるのがコツ。ラー油や黒こしょうなどの辛みは、器に盛りつけてから好みでかけてください。

## 煮卵

材料（作りやすい分量）

卵 ── 4個
だし ── 1カップ
A｜しょうゆ、みりん ── 各大さじ1
　｜塩 ── 小さじ¼

作り方

① ゆで卵を作る。半熟の場合、鍋に卵とかぶるくらいの水を入れ、火にかけて10分ほどで火を止める。水にとり、粗熱がとれたら殻をむく。もう少しかたゆでがいい場合は、12～13分を目安にゆでる。ゆで加減はお好みで。
② 別の鍋にだしとAを入れ、火にかける。煮立ったら①のゆで卵を加えて2～3分煮て火を止める。
③ そのまま煮汁の中で冷ましながら味を含ませる。

## 玄米ごはん

材料と炊き方

① 玄米2合は洗い、ざるに上げる。
② 鍋に①と1.5倍の水を入れ、6時間ほど浸水させる。
③ しっかりとふたをして中火にかける。ふいてきたら弱火にし、20～30分炊く。火を止め、充分に蒸らす。

作っておくと何かと便利な常備菜の豆のマリネに、
からりと揚げた鶏肉を合わせてボリュームアップ。
白ワインビネガー、オリーブ油、塩のシンプルでさっぱりした味が
ベースになっているマリネと合わさるので、揚げ物でも案外あっさりとした仕上がりに。
れんこんのすり流しはだし以外に、
コンソメや鶏ガラスープを使ってもおいしくいただけます。

# 鶏のから揚げと豆のマリネ

材料（2人分）

鶏もも肉 ── 大1枚（約250g）
豆のマリネ サラダ（P.62）── 約2カップ
パセリ（刻んだもの）── 少々
塩　こしょう　小麦粉　片栗粉　揚げ油

作り方

① 鶏肉は両面に軽く塩、こしょうをし、小麦粉と片栗粉各約大さじ1を合わせたものを全体に薄くまぶしつける。
② 中温（約170℃）の揚げ油で①を両面カラリと揚げ、油をよくきって一口大に切る。

③ ボウルに②と豆のマリネ、刻みパセリを合わせ、10分ほどおいて味をなじませる。

# れんこんのすり流しスープ

材料（2人分）

れんこん ── 約120g
だし ── 2カップ
うす口しょうゆ ── 少々
塩

作り方

① れんこんは皮をむき、10分ほど酢水（分量外）にさらしてからすりおろす。
② 鍋にだしを入れ、火にかける。煮立ったら塩約小さじ1/4とうす口しょうゆで調味し、①を加えてひと煮する。

# 雑穀ごはん

材料と炊き方

① 白米2合は洗い、ざるに上げる。
② 炊飯器に雑穀30gと①を合わせてセットし、水420mℓを入れ、30〜40分浸水させて、炊く。

豚肉のうまみがしっかりしみ込んだ秋の豚汁は、
季節の野菜や残り野菜を使って作るラフなもの。
具だくさんの汁物のお供となる一菜は、常備菜のおひたし。
ブロッコリーや青菜以外に季節の野菜で仕込んでおくと便利です。
味にアクセントをつけるときは、
梅肉やごま、削りがつおを加えたり、今回のメニューのようにあんかけにしたのりをかけたりしても。

## ブロッコリーと青菜ののりあんかけ

材料（2～3人分）

ブロッコリーのおひたし（P.60）—— 約½個
青菜のおひたし（P.60）—— 約2株
焼きのり —— 1枚
だし —— 約½カップ
しょうゆ

作り方

① ブロッコリーと青菜のおひたしは食べやすい大きさに切り、器に盛りつける。
② 鍋にだしを温め、のりを適当な大きさにちぎって加える。弱めの中火にし、のりがすっかり溶けてとろみが出たらしょうゆをほんの少したらして仕上げる。
③ ②ののりあんが温かいうちに①にかける。

## 白ごはん

材料と炊き方

① 米3合は洗い、ざるに上げる。
② 鍋に①と水540mℓを入れ、30～40分浸水させる。ふたをして強火にかけ、ふいてきたら弱火にして10～15分炊く。火を止め、充分に蒸らす。

## 豚汁

材料（2～3人分）

豚肩ロース肉または豚バラ薄切り肉 —— 150g
ごぼう —— ⅓本
大根 —— 4cm
にんじん —— ½本
れんこん —— 小1節
みょうが —— 1～2個
だし —— 約3カップ
ごま油 —— 小さじ1
しょうゆ　みそ　塩　サラダ油

作り方

① ごぼうはたわしで泥をよく洗い落とす。その他の野菜はよく洗い、1～2cm角に切る。みょうがは縦半分に切ってから薄切りにする。豚肉は細切りにする。
② 鍋に油大さじ1を熱し、肉、みょうが以外の野菜を入れ、軽く炒める。
③ ②にだしを加え、煮立ったら弱めの中火にして、5～6分煮る。アクが出たらそのつど取り除く。
④ しょうゆ小さじ2とみそ大さじ1～2を加え、味をみて塩でととのえ、ごま油をたらす。椀に盛りつけ、みょうがをあしらう。

秋の味覚、いろいろなきのことなすが入った鍋仕立ての汁物は、
わが家のこの季節ならではのお楽しみメニュー。
今回は炊き込みごはんと合わせるため、さっぱりとしたすまし仕立てにしましたが、
だしにみそを加えてもまた美味。一菜の卵焼きはいつ食卓に出しても人気の一品。
卵3個を使ってふっくら焼き上げました。
ゆったりとした夜に、お酒でもいただきながらのごはんにおすすめです。

## なすときのこの小鍋

材料（2人分）

なす —— 2個
生しいたけ —— 2枚
エリンギ —— 1本
えのきたけ —— 小1袋
みょうが —— 1個
だし —— 3カップ
うす口しょうゆ —— 小さじ2
塩

作り方

① きのこ類は石づきを落として食べやすい大きさに切る。なすは5㎜角ほどの棒状に切り、みょうがは縦半分に切ってから斜め薄切りにする。

② 鍋にだしと①のきのこ類を入れ、弱めの中火で7〜8分煮る。きのこがしっとり煮汁を吸ったらなすを加えてひと煮し、塩小さじ¼強とうす口しょうゆで調味する。仕上げにみょうがを加え、火を止める。

## 卵焼き　大根おろし添え

材料（作りやすい分量）

卵 —— 3個
A　だし —— 大さじ1〜2
　　砂糖 —— 小さじ2
　　塩 —— 少々
大根おろし —— 約½カップ
しょうゆ　サラダ油

作り方

① ボウルに卵を溶きほぐし、Aを加えて混ぜる。

② 卵焼き器に油小さじ1を熱し、¼量の卵液を流し入れる。半熟程度で端に寄せ、¼量の卵液をさらに流し入れる（寄せた卵の下にも流し入れる）。半熟よりも少し火が入ったくらいで、寄せた卵を芯にして巻く。これを2回繰り返す。

③ 食べやすい大きさに切って器に盛り、汁けをきった大根おろしを添えてしょうゆ少々をたらす。

## きんぴらごぼうと牛しぐれ煮の炊き込みごはん

材料

米 —— 2合
きんぴらごぼう（P.63）—— 1カップ弱
牛しぐれ煮（P.60）—— 1カップ弱

作り方

① 米は洗い、ざるに上げる。炊飯器に米と目盛りどおりの水を入れ、30〜40分浸水させる。きんぴらごぼうと牛しぐれ煮をのせて炊く。

② 炊き上がったら充分に蒸らし、軽く混ぜる。

麦ごはんにさっとゆでた野菜のからしあえ、汁物という素朴な献立。
たっぷりのもやしとにんじんをゆで、からし甘酢じょうゆであえた一菜は、
これだけで充分おいしいけれど、味出しとして、
ちくわやちりめんじゃこ、わかめなどを加えてもおいしく仕上がります。
とうがんにむきえび、豆腐を加えたやさしい味わいの汁物は、少しずつ寒くなった晩秋に
体をあたためてくれるもの。しょうがをたっぷりきかせました。

## もやしとにんじんのからし甘酢じょうゆあえ

材料（2人分）

もやし —— 1袋
にんじん —— 1/4本
A 練りがらし、塩 —— 各少々
　酢、砂糖、しょうゆ —— 各大さじ1

作り方

① もやしはできるだけひげ根を取る。にんじんは3cm長さの細切りにする。
② ①を合わせて熱湯でさっとゆで、ざるに上げる。
③ ボウルにAを入れて混ぜ合わせ、水けをきった②を加えてあえる。

## 麦ごはん

材料と炊き方

① 米2合は洗い、ざるに上げる。
② 鍋に①と押し麦1合を入れ、同量の水を加え、30〜40分浸水させる。
③ ふたをして強火にかける。ふいてきたら弱火にし、10〜15分炊く。火を止め、充分に蒸らす。

## えびととうがん、豆腐のふわ汁

材料（2人分）

とうがん —— 1/8個（約250g）
むきえび —— 60g
しょうが —— 1かけ
絹ごし豆腐 —— 1/2丁
中華スープの素 —— 小さじ1
ナンプラー —— 少々
水溶き片栗粉
　片栗粉 —— 小さじ1
　水 —— 小さじ2
片栗粉　塩

作り方

① とうがんはわたを除いて皮をむき、1〜2cm角に切る。しょうがはせん切りにする。えびはくさみをとるため片栗粉適量をまぶしてから流水で洗い、水けをふき取って細かく切る。
② 鍋に湯2カップを沸かし、とうがんを弱めの中火で10分ほど煮る。
③ とうがんがやわらかくなったら、スープの素としょうが、えびを加える。続いて豆腐を手でくずしながら加える。味をみてから塩少々とナンプラーで調味し、水溶き片栗粉でとろみをつける。

＊好みで最後にごま油をたらしてもおいしい。

## 秋の常備菜

冷蔵庫を整理するような感覚で週に一度は作るという飛田家の定番、秋の常備菜。作っておけばすぐにごはんになる、頼れるものばかりです。

### 牛しぐれ煮

材料（作りやすい分量）

牛切り落とし肉 —— 500g
しょうが —— 大1かけ
A｜酒、砂糖、しょうゆ —— 各¼カップ
牛脂 —— 1片

作り方

① 牛肉は1〜2cm幅に切る。しょうがはせん切りにする。
② 深めのフライパンまたは鍋に牛脂を入れ、弱火にかける。脂が溶けたら肉を加え、炒める。肉の色が変わったらしょうがとAを加え、汁けがほぼなくなるまで炒め煮にする。

＊冷蔵庫で1週間ほど保存可能。

### 青菜とブロッコリーのおひたし

材料（作りやすい分量）

小松菜 —— 1わ
チンゲンサイ —— 2株
ブロッコリー —— 1個
A｜だし —— 2カップ
　｜塩 —— 小さじ½
　｜うす口しょうゆ —— 小さじ1
B｜だし —— 1カップ
　｜塩 —— 小さじ¼
　｜うす口しょうゆ —— 小さじ1

作り方

① AとBはそれぞれ合わせ、保存容器に入れる。
② 鍋に湯を沸かし、小松菜と縦6等分に切り分けたチンゲンサイをさっとゆで、水にとって冷ます。同じ湯で小房に分けたブロッコリーもゆでる。
③ 小松菜とチンゲンサイの水けを絞ってAに、ブロッコリーはBに、30分ほどつける。

＊冷蔵庫で3日間ほど保存可能。

## かぶのピクルス

材料（作りやすい分量）

かぶ —— 5個
かぶの茎 —— 適宜
にんにく（薄切り）—— 1片
ローリエ —— 2〜3枚
赤とうがらし（小口切り）—— 1本
A | 酢 —— 約3/4カップ
　| 砂糖 —— 約1/2カップ
　| 塩 —— 小さじ1/2
塩

作り方

① かぶは皮をむき、食べやすい大きさに切る。茎は3cm長さに切る。ともにボウルに入れ、塩小さじ1/2をふって水けが出るまで10分ほどおく。

② Aを混ぜ合わせる。酢の酸味をやわらかくする場合は一度煮立たせ、冷ます。

③ ①の水けをふき取り、保存容器に入れる。にんにくとローリエ、赤とうがらしを加え、②を注ぎ入れて軽く混ぜる。半日後から食べごろ。

＊冷蔵庫で4〜5日間保存可能。

## さつまいものしょうゆ煮

材料（作りやすい分量）

さつまいも —— 1本（約250g）
砂糖　しょうゆ

作り方

① さつまいもは洗って皮つきのまま1cm厚さの輪切りにし、10分ほど水につける。太いときは半月やいちょう切りにする。

② 鍋に水けをきったさつまいもとひたひたの水、砂糖としょうゆ各大さじ2を入れ、落としぶたをして火にかける。煮立ってきたら弱めの中火にし、さつまいもにスッと竹串が通るくらいまで7〜8分煮る。

③ 火を止め、そのまま粗熱がとれるまでおき、味を含ませる。

＊冷蔵庫で4〜5日間保存可能。

## 豆のマリネサラダ

材料（作りやすい分量）

ゆで大福いんげん豆 —— 約150g
ゆでキドニービーンズ —— 約100g
ゆでひよこ豆 —— 約150g
紫玉ねぎ —— 1/2個
にんにく（すりおろし）—— 1/2片
A　塩 ——小さじ1/2強
　白ワインビネガー —— 1/3カップ
　オリーブ油 —— 1/4カップ

作り方

① 紫玉ねぎはみじん切りにする。
② ボウルに豆類、にんにく、①を入れ、Aを加えてあえる。30分後から食べごろ。

＊冷蔵庫で4～5日間保存可能。
＊今回は3種類の豆をそろえましたが、1種類でも、もちろんOK。乾燥したものをゆでてもいいし、缶詰で手軽に作っても。好みの豆を使ってください。

## 豆のゆで方

① 豆は洗ってたっぷりの水に半日ほどつけてもどす。
② つけ汁ごと大きめの鍋に入れて火にかけ、煮立ったら弱めの中火にして豆が顔を出さないように水を足しながら30～60分、やわらかくなるまでゆでる。ゆで上がったらそのまま冷ます。

# きんぴらごぼう

材料（作りやすい分量）

ごぼう —— 約400g

A | しょうゆ —— 大さじ3
  | 酒、砂糖 —— 各大さじ1½〜2

ごま油 —— 大さじ1½

作り方

① ごぼうはたわしなどで泥をよく洗い落とし、4cm長さのせん切りにする。水に5分ほどさらし、ざるに上げて水けをきる。

② 鍋や深めのフライパンにごま油を熱し、①のごぼうを炒める。しんなりしたらAを加え、汁けがなくなるまで炒め合わせる。

＊冷蔵庫で1週間ほど保存可能。

# ゆり根の薄煮

材料（作りやすい分量）

ゆり根 —— 1個

酢　砂糖　塩

作り方

① ゆり根は1枚1枚ていねいにガク片をはずし、よく洗う。

② 酢少々を加えた熱湯でさっと湯通しして、ざるに上げる。

③ 鍋に砂糖と塩各少々と②のゆり根、かぶるくらいの水を入れ、中火にかける。ふつふつしてきたら弱火にし、ゆり根がやわらかくなるまで4〜5分煮る。火を止め、そのまま粗熱がとれるまでおき、味を含ませる。

＊冷蔵庫で2〜3日間保存可能。
＊炊き込みごはんやみそ汁の具にしても。

# 乾物のこと

日々の献立を考えるときは、冷蔵庫を何度か開け閉めしてみたりするときもあれば、前もって今日はあれとこれ！と決めてあるときもあります。時には冷蔵庫を開けてみて、あれれ？　何もないなぁ、なんてことも。そんなときに頼りになるのが、乾物。わが家では、いくつか必ず戸棚に入れてあるものがあります。「大豆」「ひよこ豆」「レンズ豆」といった豆類。「あらめ」や「ひじき」といった海のもの。それから「きくらげ」「切り干し大根」「するめ」「ほたるいか」なんてものも、わりとある頻度が高いものです。

豆類はただゆでるだけでもおいしいし、サラダやカレーに加えればボリュームも出ます。ひじきと一緒に煮たり、ペーストにすることも。ゆでたものをオリーブ油、白ワインビネガー、塩とあえるだけでも立派な１品になるので、何もないときにはかなり重宝します。レンズ豆はソーセージやベーコンと一緒にどろっとするまで煮て、パンにつけて食べるのがわが家の定番。ひじきは釜揚げが出る時季はそれを使いますが、季節でないときは乾物に頼ります。煮物にすることもありますが、もどしたものをオリーブ油で炒めておくとサラダ感覚でモリモリ食べられるし、それをごはんに混ぜ合わせたりしてもおいしくいた

だけます。きくらげも炒め物、スープ、サラダと意外なほど万能に使えて便利。あらめはわかめよりも歯ごたえがあるので、煮物にしておき、米と一緒に炊いて炊き込みごはんにします。切り干し大根は言うまでもなく、煮物、酢の物、ハリハリ漬けなどに。炙ればすぐに食べられるするめやほたるいかは、細切りにしてあえ物にしたり、しょうゆと酒に漬けておいたりして日本酒のアテにして楽しんでいます。

ついつい戸棚にしまいっぱなしになりがちな乾物ですが、ときどき開けてどんなものが入っているのかをチェックすると、意外と使えるものがあれこれあるはずです。日々の献立を考える際、忘れずに思い出してみてください。

# 冬

体が凝り固まりがちになる寒い冬は、ほっこり温まるものが一番。汁物は具だくさんのスープ仕立てや野菜をたっぷり加えた煮びたし、スープ仕立てのグラタンなどを。一菜は煮たり、揚げたり、焼いたりとあつあつを楽しむものを中心に献立にしてみました。

甘くなってきた白菜をたっぷり使い、汁物代わりの煮びたしに。
味出しに加えた油揚げは、かまぼこ、ちくわ、はんぺんなどの練り物でもおいしく仕上がります。
七味とうがらしやゆずこしょうでアクセントをつけても。
白菜にだしを含ませ、練り物、揚げ物のうまみをじんわりしみ込ませた、
冬のラクチンおでんといったところです。
おかずの里いもはあらかじめ煮ておき、片栗粉をつけてさっと揚げるだけ。簡単です！

## 白菜の煮びたし

材料（2人分）

油揚げ —— 1枚
白菜 —— 小約⅛個
だし —— 2カップ
うす口しょうゆ —— 小さじ1
塩

作り方

① 油揚げは4～6等分に切る。白菜は大きめの一口大に切る。
② 鍋にだしと油揚げを入れ、火にかける。煮立ったら弱めの中火にし、さらに5～6分煮る。油揚げがふっくらとしたら白菜と塩小さじ¼、うす口しょうゆを加え、落としぶたをして10分ほど煮る。煮汁の中でそのままおき、冷ましながら味を含める。
③ 食べるときにさっと温め、器に盛る。

＊好みで七味とうがらしやゆずこしょうをのせても。

## 里いも揚げ

材料（2人分）

里いもの白煮（P.80）—— 6～8個
片栗粉　揚げ油

作り方

① 里いもはペーパータオルやさらしなどの上にのせ、煮汁をきって表面に薄く片栗粉をはたく。
② ①を中温（約170℃）の揚げ油でさっと揚げる。好みで塩などをつけて食べる。

## 雑穀ごはん

材料と炊き方

① 白米2合は洗い、ざるに上げる。
② 炊飯器に雑穀30gと①を合わせてセットし、水420㎖を入れ、30～40分浸水させて、炊く。

冬になると食べたくなる、クリームっぽいこっくりした味わい。
コンソメやだしで煮てから豆乳や牛乳を加えるだけのわが家のロールキャベツは、
娘も大好きなメニューのひとつ。具は棒状のベーコンのみのシンプルなスタイルです。
仕上げに片栗粉やコーンスターチでとろみをつけ、温かく、温かく。
おかずにはこの時季、太って甘みが増す長ねぎをマリネにしたもの。
冬の野菜をたっぷり使った献立です。

# ベーコンロールキャベツ

材料（2人分）

キャベツ —— 8枚
ベーコンかたまり —— 150g
だし —— 2カップ
豆乳 —— 1カップ
水溶き片栗粉
　片栗粉 —— 小さじ2
　水 —— 大さじ1
塩

作り方

① キャベツは熱湯でさっとゆで、ざるにとって冷ます。ベーコンは5cm長さ×1cm角の棒状に、8本ほど切る。
② キャベツの軸の部分を薄くそぎ切りにし、葉を2枚ずつ重ねる。そぎ落とした軸とベーコン2本をのせ、両端を巻き込みながらきつめに包む。同様に残りの3個も包む。
③ 小鍋にすき間のないよう②を並べてだしを加え、ふたをして火にかける（すき間があるとロールキャベツが揺れて形がくずれるので、キャベツの芯や耐熱のグラスなどを入れて動かないよう工夫してください）。煮立ったら弱めの中火にし、15〜20分煮る。キャベツがやわらかくなったら豆乳を加えてひと煮し、塩小さじ⅓ほどで、スープに薄く味をつける。
④ 仕上げに水溶き片栗粉を加えてとろみをつける。

# 長ねぎのマリネ

＊作り方はP.81参照。

# 玄米ごはん

材料と炊き方

① 玄米2合は洗い、ざるに上げる。
② 鍋に玄米と1.5倍の水を入れ、6時間ほど浸水させる。
③ しっかりとふたをして中火にかける。ふいてきたら弱火にし、20〜30分炊く。火を止め、充分に蒸らす。

わが家はカレー大好き家族！　しかも簡単なルーカレーが人気です。
一年中、しょっちゅうカレーが食卓に上るので、具材もいろいろ入ります。
おもなものは季節の野菜。にんじん、玉ねぎ、香味野菜をベースに、
冬なら里いも、大根、ほうれん草、小松菜などなど。
カレーは、何を入れてもそれほど違和感がないので、
冷蔵庫をのぞいて残っている野菜を加えてみてください。

# 白菜カレー

材料（2～3人分）

豚切り落とし肉 —— 150g
玉ねぎ —— 1個
にんじん —— 1本
白菜 —— ⅛個
にんにく（みじん切り）—— 1片
しょうが（みじん切り）—— 1かけ
カレールー（フレーク状のもの）—— 大さじ5～6
ごはん —— 適量
オリーブ油 —— 大さじ1
塩　こしょう　しょうゆ

作り方

① 玉ねぎは薄切り、豚肉とにんじんは一口大に切る。白菜は大きめの一口大に切る。
② 厚手の鍋ににんにく、しょうが、オリーブ油を入れ、弱めの中火にかける。香りが立ったら玉ねぎを加え、色づくくらいまで10分ほどかけて炒める。
③ ②に豚肉を加えて炒め、塩小さじ½、こしょう少々をふる。水3カップとにんじん、白菜を加えて煮る。煮立ってきたら弱火にしてさらに15分ほど煮る。カレールーを加えて煮溶かし、しょうゆで味をととのえる。
④ 器にごはんを盛り、カレーをよそう。

# 切り干し大根サラダ

材料（2人分）

切り干し大根 —— 20g
紫玉ねぎ —— 約⅛個
切り昆布 —— 10g
A　だし —— 大さじ2
　うす口しょうゆ —— 小さじ½
　酢、砂糖 —— 各大さじ1

作り方

① 切り干し大根は水でもどしてよくもみ洗いをし、水けを絞って食べやすい長さに切る。玉ねぎは薄切りにする。
② ボウルにAを入れ、切り昆布と①の玉ねぎを加えて混ぜ合わせ、10分ほどおく。
③ 昆布がやわらかくもどり、玉ねぎがしんなりしたら①の切り干し大根を合わせてよくあえる。

冬の甘く、やわらかな大根は、買ってきたら分厚く切って煮ておくと便利。
粉をはたいてステーキにしたり、煮物にしたりと楽しみます。
今回は粉をはたいてカリッと焼き上げました。
油が加わってコクが出た分、ごはんによく合うおかずに。
いろいろなきのこを炒めてソースにしたり、玉ねぎだけを炒めたものをのせるのでも充分おいしい。
大根の皮や面取りしたものはみそ汁の具に使ってください。

## 大根ステーキ

材料（2人分）

大根のだし煮（P.82）―― 大2個
生しいたけ ―― 2枚
エリンギ ―― 1本
えのきたけ ―― 小½袋
万能ねぎ ―― 3本
ハム ―― 2枚
にんにく（薄切り）―― ½片
ごま油、サラダ油 ―― 適量
塩　しょうゆ　片栗粉

作り方

① 大根はペーパータオルの上にのせて煮汁をきる。きのこ類は石づきを落とし、5㎜角ほどに切る。万能ねぎは1㎝長さに、ハムは半分に切ってから細切りにする。
② フライパンにごま油小さじ2を熱し、にんにく、きのこ、ハムを順に加えながら炒め合わせる。全体にしんなりしたら塩小さじ¼としょうゆ少々を加えて調味し、仕上げにねぎを加える。
③ 大根の切り口に薄く片栗粉をはたく。別のフライパンにサラダ油少々を熱し、両面をこんがりと焼き目がつくまで焼く。
④ ③を器に盛りつけ、②をたっぷりとのせる。

## 粕入りみそ汁

材料（2人分）

塩鮭（甘塩または中辛）―― 1切れ
じゃがいも ―― 1個
大根の皮 ―― 適量
（大根のだし煮を作ったときに出た大根の皮や面取りした部分）
だし ―― 2カップ
酒粕 ―― 大さじ1～2
みそ

作り方

① 塩鮭は一口大に切り、さっと湯通しする。じゃがいもと大根の皮は食べやすい大きさに切る。だしは少しとっておく。
② 鍋に残りのだしとじゃがいも、大根の皮を入れ、火にかける。やわらかく煮えたら塩鮭ととっておいただしで溶いた酒粕を順に加えてひと煮する。
③ 味をみて、みそ大さじ1ほどを溶き入れ、火を止める。

## 雑穀ごはん

材料と炊き方

① 白米2合（360㎖）は洗い、ざるに上げる。
② 炊飯器に雑穀30gと①を合わせてセットし、水420㎖を入れ、30～40分浸水させて、炊く。

この時季、甘みを携えほっくりとおいしくなる里いもは、だしで煮て、常備菜にしておくと便利。
わが家では、その里いもに玉ねぎと長ねぎの甘みも加えて
和風のオニオングラタンスープを作るのがこの季節の定番です。
和風だしとベーコンのうまみが合わさり、おいしさもボリュームも倍増。
箸休めは常備菜の大根のしょうゆ漬けでさっぱりとまとめました。

# 里いものグラタンスープ

材料（2人分）

里いもの白煮（P.80）── 6個
玉ねぎ ── 1個
長ねぎ ── 2本
ベーコンスライス ── 3枚
にんにく ── 1片
だし ── 2カップ
溶けるチーズ ── 約40g
オリーブ油 ── 大さじ1
塩

作り方

① 里いもの白煮は5㎜厚さの輪切り、玉ねぎとねぎは薄切りにする。ベーコンは細切りにする。にんにくは包丁の腹でつぶす。
② 鍋にオリーブ油とにんにくを入れ、弱めの中火で炒める。こんがりと焼き目がつき、いい香りが立ってきたら、取り出す。
③ ②に玉ねぎ、ねぎ、ベーコンを入れ、炒める。ざっと炒めたらふたをして蒸し焼きにし、を繰り返し、全体が色づいてきたら、だしを加える。煮立ったら塩少々を加えて調味する。
④ 耐熱の器に①の里いもと③を注ぎ入れ、溶けるチーズをのせる。250℃に予熱したオーブンで10～15分焼く。スープがふつふつし、チーズの表面にこんがりと焼き目がついたらでき上がり。

# 大根のしょうゆ漬け

＊作り方はP.82参照。

# 白ごはん

材料と炊き方

① 米3合は洗い、ざるに上げる。
② 鍋に①と水540㎖を入れ、30～40分浸水させる。ふたをして強火にかけ、ふいてきたら弱火にして10～15分炊く。火を止め、充分に蒸らす。

野菜不足だなと思ったら、冷蔵庫の中をのぞいて作るのが、この1品。
じゃがいもやにんじん、玉ねぎといったいつもある野菜でもいいし、
れんこんやごぼうといった根野菜、青菜や白菜といった葉野菜でもOK。
味出しにあさりや肉、かまぼこやはんぺんなどの練り物を一緒に蒸すのがおすすめです。
汁物はふんわり卵ととろみで体が温まる、かきたま汁を組み合わせました。

## 蒸し野菜

材料（2人分）

ブロッコリー、カリフラワー —— 各⅓個
長いも、れんこん —— 各4cm
かぶ —— 1個
あさり（砂出ししたもの）—— 6個
エシャロットじょうゆ（P.81）—— 適量

作り方

① 野菜は食べやすい大きさに切る（長いもやれんこん、かぶは皮つきでも。長いもは表面を火でさっとあぶってこすり洗いするとひげ根が簡単に取れる）。あさりは殻ごとよく洗う。
② 耐熱の器に①の野菜とあさりを入れ、蒸気の上がった蒸し器で10分ほど蒸す。
③ エシャロットじょうゆをかけて食べる。

＊塩とオリーブ油、削りがつおを混ぜ合わせた大根おろし、すだちなどの柑橘類を好みでかけて食べる。

## かきたま汁

材料（2人分）

卵 —— 2個
だし —— 2カップ
A　塩 —— 約小さじ¼
　うす口しょうゆ —— 約小さじ½
水溶き片栗粉
　片栗粉 —— 小さじ2
　水 —— 大さじ1

作り方

① 鍋にだしを入れ、火にかける。煮立ったらAで調味する。水溶き片栗粉を加え、薄くとろみをつける。
② 卵は溶きほぐし、①に流し入れてひと煮する。

## 発芽玄米入りごはん、昆布のつくだ煮のせ

材料と炊き方

① 発芽玄米1合と白米2合を合わせて洗い、ざるに上げる。
② 鍋に①と水590mℓを入れ、40分ほど浸水させる。
③ しっかりとふたをして中火にかける。ふいてきたら弱火にし、15〜20分炊く。火を止め、充分に蒸らす。
④ 茶碗にごはんをよそい、昆布のつくだ煮（市販品）適量を添える。

船場汁とは、大阪の問屋街で食べていたとされる料理。
基本はさばと大根などの野菜を煮て作るものですが、
ぶりやまぐろでもおいしく作れます。余力があれば、
魚をすり身にし、だんご状にまとめて鍋物にして楽しむのもおすすめです。
すまし汁で作られるのがほとんどですが、みそを加えてもほっこり温まり、おいしい！
その場合は、ねぎとしょうがを加えるとより温まっておいしいです。
汁物がしっかり具だくさんなので一菜は春菊のごまあえと、シンプルにまとめてみました。

# 船場汁

材料（2人分）

さばの切り身 —— 1枚（約150g）
大根 —— 5cm
にんじん —— ¼本
せり —— ¼束
ゆずの皮 —— 少々
昆布（5cm角）—— 1枚
うす口しょうゆ —— 小さじ1
塩

作り方

① 鍋に昆布と水3カップを入れ、1時間ほどおく。
② さばは軽く塩をふって10分ほどおき、表面をペーパータオルでていねいにふき、一口大に切る。大根とにんじんは5mm厚さのいちょう切り、せりは1cm長さに切る。
③ ①の鍋を火にかけ、煮立ったら昆布を取り出し、大根とにんじんを加える。野菜がやわらかく煮えたらさばを加えてひと煮し、塩とうす口しょうゆで味をととのえる。
④ 火を止め、せりを加える。
⑤ 器に盛りつけ、ゆずの皮をあしらう。

# 春菊のごまあえ

材料（2人分）

春菊 —— ½束
黒いりごま —— 大さじ1
A 砂糖 —— 小さじ⅓
塩 —— ふたつまみ
しょうゆ —— 少々

作り方

① 春菊は葉を摘み、茎と葉に分ける。熱湯で茎をゆで、葉はさっと湯通しする程度でざるに上げる。
② ごまはすり鉢で軽くあたってからAを加え、混ぜ合わせる。
③ ゆでた春菊を食べやすい長さに切り、よく水けを絞り、②とあえる。

# 白ごはん＋赤じそのふりかけ

材料と炊き方

① 米3合は洗い、ざるに上げる。
② 鍋に①と水540mℓを入れ、30～40分浸水させる。ふたをして強火にかけ、ふいてきたら弱火にして10～15分炊く。火を止め、充分に蒸らす。
③ 茶碗にごはんをよそい、赤じそのふりかけ（市販品）適量をふる。

## 大根のだし煮

材料（作りやすい分量）

大根 —— 1本

昆布（10cm角）—— 1枚

塩

作り方

① 大根は5cm厚さに切り、厚めに皮をむいて面取りする。

② 大きめの鍋に大根を並べ入れ、米のとぎ汁（分量外）をたっぷりと注ぐ。落としぶたをしてスッと竹串が通るまで20〜30分煮る。すぐ水にとり、表面をていねいに洗う。

③ 同じ鍋に②の大根を並べ入れ、昆布をのせて水をひたひたよりもやや多めに注ぐ。塩小さじ½を加えて火にかけ、10分ほど煮てそのまま冷ます。

＊密閉容器に入れ、冷蔵庫で5日間ほど保存可能。

＊ゆずみそや肉みそをつけ、ふろふき大根のようにして食べたり、小さく切ってみそ汁の具にします。

## 大根のしょうゆ漬け

材料（作りやすい分量）

大根 —— 10cm

A しょうゆ、酢、砂糖 —— 各大さじ2
　花山椒、赤とうがらし（小口切り）—— 各適量

塩

作り方

① 大根は皮をむき、5cm長さ×1cm角の柏子木切りにする。塩小さじ⅓をまぶし、10分ほどおく。

② Aは混ぜ合わせる。

③ ①の水けをペーパータオルでしっかりふき取り、②と合わせて2時間ほど漬ける。ときどき返して全体がまんべんなく、漬け汁に浸るようにする。

＊密閉容器に入れ、冷蔵庫で3〜4日間保存可能。

# うちのみそ汁

旬の野菜や海藻を入れ、だしで煮て、みそを加えるだけの
きわめてシンプルな一杯には季節がしっかりと刻まれています。
毎日、台所に立ち、今日は何のみそ汁にしようかと
考えるだけで、自然と季節の移り変わりもわかるのですから。
日本人の誇る、この一杯はなにげないようで実は、
すごいものなのだなぁとあらためて思ったりするのです。

# 飛田家の定番みそ汁

日々の食卓にみそ汁があるだけで、なんだか幸せな気持ちになるものです。
季節の野菜をふんだんに加えれば、それだけで１品になるのもうれしいところ。
ここでは日々の献立の助けとなる、うちの定番みそ汁 10 種といつものだしのとり方をご紹介します。

## だしのとり方

わが家の定番は、昆布とあごを使ったコクのあるもの。一晩水出ししたものをひと煮してから使います。水出ししただけのものはさらっとしているので、それもまた好みで使い分けてみるといいでしょう。具材によって味がシンプルすぎるときは、削りがつおを加えてさらにコクをプラスします。

① 鍋に昆布 5㎝角のもの１枚とあご２本を入れ、
水 800 ～ 1000㎖を加え、一晩おく。
② ①を火にかけ、一度煮立たせる。

※密閉容器に入れ、冷蔵庫で２～３日間保存可能。

## みそのこと

みそはひとつの容器に赤みそ、信州みそ、白みそなど３～４種類を入れ、昆布で仕切っておきます。１種類のみそを使って作るみそ汁もシンプルでおいしいですが、いくつかのみそを合わせて使うと、味に深みが出ます。ひとつの容器に入れておくことで、いちいちたくさんの容器を出すこともなく、さっと使えるので便利。昆布の味も染み込んで、よりおいしくなるのもポイントです。

## じゃがわかめみそ汁

材料（2人分）

じゃがいも —— 小1個
わかめ（もどしたもの）
—— 約大さじ2
だし —— 2カップ
みそ

① じゃがいもは小さめの一口大に切る。わかめも食べやすい大きさに切る。
② 鍋にだしとじゃがいもを入れ、火にかける。じゃがいもがやわらかくなったらわかめを加えてひと煮し、みそ大さじ1〜2を溶き入れて火を止める。

## にらと油揚げのみそ汁

材料（2人分）

にら —— 6本
油揚げ —— ½枚
だし —— 2カップ
みそ

① にらは2〜3cm長さに、油揚げは袋を開いてから細切りにする。
② 鍋にだしと油揚げを入れ、火にかける。煮立ってきたらにらを加えてひと煮し、みそ大さじ1〜2を溶き入れて火を止める。

## のり卵みそ汁

材料（2人分）

卵 —— 1個
焼きのり —— ½枚
だし —— 2カップ
みそ

① 卵は溶きほぐす。
② 鍋にだしを入れ、火にかける。煮立ってきたらみそ大さじ1〜2を溶き入れ、①を流し入れて好みの火の通し加減で火を止める。
③ 椀に盛り、のりをもんで散らす。

## 長ねぎとなめこのみそ汁

材料（2人分）

なめこ —— 1パック
長ねぎ —— 5〜6cm
だし —— 2カップ
みそ

① なめこはさっと水洗いする。ねぎは1cm幅の小口切りにする。
② 鍋にだしを入れ、火にかける。煮立ってきたら①を加えてひと煮し、みそ大さじ1〜2を溶き入れて火を止める。

## 夏の豚汁

材料（2～3人分）

豚バラ薄切り肉 —— 3枚
オクラ —— 2本
かぼちゃ —— 1/16個
ズッキーニ —— 1/2本
とうもろこし（実）—— 約大さじ2
しょうが —— 1かけ
みょうが —— 1個
ししとうがらし —— 1本
だし —— 2カップ
ごま油 —— 小さじ1
みそ　塩　しょうゆ

① 豚肉は細切り、みょうがとししとうは薄い輪切り、オクラは1cm幅に切る。かぼちゃとズッキーニは1～2cm角、しょうがはせん切りにする。
② 鍋にごま油を熱し、豚肉を炒める。豚肉の色が変わったらだしを加え、ひと煮する。
③ ②にオクラ、かぼちゃ、ズッキーニ、とうもろこしを加えてさっと煮る。野菜がやわらかく煮えたらしょうがを加え、みそ大さじ1を溶き入れ、塩としょうゆ各少々で調味する。
④ 器に盛り、みょうがとししとうをのせる。

## ミネストローネ風みそ汁

材料（2～3人分）

ベーコンスライス —— 1枚
キャベツ —— 1枚
さやいんげん —— 4本
グリーンアスパラガス —— 2本
ミニトマト —— 4個
だし —— 2カップ
オリーブ油 —— 大さじ1
みそ

① ベーコンと野菜類は1cm角ほどの大きさに切りそろえる。
② 鍋にオリーブ油を熱し、ベーコンと、トマト以外の野菜をさっと炒める。油がまわったらだしを注ぎ入れ、野菜がやわらかくなるまで煮る。みそ大さじ1～2を溶き入れ、トマトを加えて火を止める。

## 豆腐と青ねぎのみそ汁

材料（２人分）

豆腐 ── ½丁
青ねぎ ── 約３本
だし ── ２カップ
みそ

① 豆腐は５㎜角、３㎝長さくらいの棒状に切る。ねぎは斜め薄切りにする。
② 鍋にだしを入れ、火にかける。煮立ってきたら豆腐を加えてひと煮し、みそ大さじ１～２を溶き入れて火を止める。
③ 椀に盛り、ねぎをあしらう。

## もやしのみそ汁

材料（２人分）

もやし ── ½袋（約100g）
白すりごま ── 少々
だし ── ２カップ
みそ

① もやしはできるだけひげ根を取る。
② 鍋にだしともやしを入れ、火にかける。煮立ってきたらみそ大さじ１～２を溶き入れて火を止める。
③ 椀に盛り、すりごまを散らす。

## 玉ねぎとしょうがのみそ汁

材料（２人分）

玉ねぎ ── ½個
しょうが ── 約½かけ
だし ── ２カップ
みそ

① 玉ねぎはくし形切りにし、ほぐす。しょうがはせん切りにする。
② 鍋にだしと玉ねぎを入れ、火にかける。玉ねぎがやわらかく煮えたらみそ大さじ１～２を溶き入れ、火を止める。
③ 椀に盛り、しょうがをあしらう。

## しじみとごぼう、三つ葉のみそ汁

材料（２人分）

しじみ ── 約150g
ごぼう（ささがき）
── 少々
三つ葉 ── 少々
昆布だし ── ２カップ
みそ

① しじみは真水につけ、一晩おいて砂出しし、殻をこすり合わせてよく洗う。
② 鍋に昆布だしとしじみを入れ、弱めの中火にかける。煮立ってからさらに10分ほど煮てしじみの殻が開いたら、ごぼうを加えてひと煮する。みそ大さじ１～２を溶き入れて、火を止める。
③ 椀に盛り、刻んだ三つ葉を散らす。